# AVIONES
## MÁQUINAS DE VIAJE

Jason Cooper

Versión en español de Argentina Palacios

Rourke Enterprises, Inc.
Vero Beach, Florida 32964

FOTOS
© Lynn M. Stone: páginas 4, 8, 10, 15, 17, 21 y cubierta;
© Jerry Hennen: páginas 7 y 12;
© Emil Punter/Photo Vision: páginas 13, 18 y portada

**LIBRARY OF CONGRESS**
**Library of Congress Cataloging-in-Publication Data**
Cooper, Jason, 1942-
  [Aviones. Español]
  Aviones / por Jason Cooper.
  p.  cm. — (Máquinas de viaje)
  Traducción de: Airplanes.
  Incluye índice.
  Resumen:  Examina la historia, variedades y usos de los
aviones.
  ISBN 0-86592-507-0
  1. Aviones—Literatura juvenil.
  [1. Aviones.  2. Materiales en español.]
I. Título.  II. Serie: Cooper, Jason, 1942-    Máquinas de viaje.
TL 547.C6618    1991
6229.133'34—dc20        91-11060
                    CIP
                    AC

# ÍNDICE

# AVIONES

Los aviones son el medio de transporte más rápido que existe: pueden cruzar los Estados Unidos en menos de cinco horas.

Los aviones tienen alas y motores, un cuerpo hueco de metal, llamado **fuselaje,** un **tren de aterrizaje** y cola.

En la cola y las alas hay piezas movibles que controlan la altura y la dirección en que viajan los aviones.

*Avión de reacción a chorro Boeing 727*

# LOS PRIMEROS AVIONES

Los primeros aviones eran de madera, alambre y tela. Orville y Wilbur Wright hicieron el primer vuelo en avión el 17 de diciembre de 1903 en Kitty Hawk, Carolina del Norte.

El vuelo de los hermanos Wright duró sólo un momento. Pero pronto se fabricaron aviones mejores. Cuando terminó la I Guerra Mundial (1914-1918), ciertos aviones alcanzaban una velocidad de 130 millas por hora.

*Triplano alemán Fokker
de la I Guerra Mundial*

# AVIONES ANTIGUOS

Después de la I Guerra Mundial se fabricaron aviones más grandes y más rápidos.

Uno de los mejores fue el trimotor Ford, un avión de tres motores. Podía volar a 100 millas por hora y llevar 10 pasajeros. Otro fue el Douglas DC-3, que se fabricó por primera vez en 1936. Éste se convirtió en avión favorito de las **aerolíneas,** que todavía utilizan uno que otro DC-3.

*Trimotor Ford de 1928*

## AVIONES MODERNOS

A fines de la II Guerra Mundial (1939-1945) aparecieron los primeros aviones de **propulsión a chorro,** o "jets". Estos aviones no tienen **hélices** y sus motores les permiten viajar a enorme velocidad.

A fines de la década de 1950 y principios de la de 1960, los aviones a chorro reemplazaron a casi todos los aviones de pasajeros que tenían hélices.

Los grandes "jets" alcanzan más de 500 millas por hora. ¡Y los aviones supersónicos de Europa y Rusia sobrepasan las 1,500 millas por hora!

*Boeing 767, uno de los aviones a chorro más nuevos*

*Bombarderos F1-16 Falcon de la Fuerza Aérea de Estados Unidos*

*Douglas DC-3 de la década de 1930*

## AVIONES LIVIANOS O AVIONETAS

No todos los aviones modernos son "jets". En los Estados Unidos, la mayor parte son aviones livianos, o avionetas, y tienen hélices y aterrizan en aeropuertos pequeños.

También hay otros aviones livianos con dos motores que pueden llevar a muchas personas. A veces éstos son de chorro.

Las avionetas se usan para muchas cosas: inspección de oleoductos, fotografía, negocios de empresas y viajes de placer.

*Piper Warrior*

# AERONAVES

Hay muchas aerolíneas con aeronaves grandes para pasajeros. La mayoría de esos aviones llevan entre 100 y 200 pasajeros a alturas entre 30,000 y 45,000 por encima de la tierra.

Las aeronaves más grandes, los "jumbo jets" de cuerpo amplio, llevan hasta 500 pasajeros. El primer "jumbo jet" fue el Boeing 747, que empezó a volar en 1970 y es, todavía, el avión más grande del mundo.

*Boeing 747, el avión más grande del mundo*

# AVIONES DE COMBATE

Los aviones de combate, o **militares,** llevan cañones, bombas u otras armas.

Estos aviones se usaron por primera vez en la I Guerra Mundial y después en la II Guerra Mundial.

Los aviones de combate modernos son aviones a chorro rápidos y elegantes. Algunos de ellos alcanzan más de 2,000 millas por hora. ¡Esta velocidad es de 1,600 millas por hora más que la de los aviones de la II Guerra Mundial!

*Bombardero Boeing B-17 Flying Fortress de la II Guerra Mundial*

# HIDROAVIONES

Los aviones que pueden aterrizar y despegar en el agua se llaman hidroaviones, o hidroplanos. Para poder hacer esto tienen **flotadores** y no tienen ruedas.

Los aviones **anfibios** tienen ruedas y flotadores. Como las ranas y los sapos, los verdaderos anfibios, estos aviones funcionan bien tanto en tierra como en agua.

*Cessna Skyhawk con flotadores*

## LA MARAVILLA DE LOS AVIONES

Cualquier piloto dice que el avión es la manera más emocionante de viajar. Y la mayoría de los pasajeros están de acuerdo con eso.

Los aviones llevan a las personas a un mundo completamente distinto de una manera rápida y cómoda. Ofrecen una vista fantástica de la tierra desde arriba.

Pero los más importante de todo es que han hecho que el mundo tan grande sea más pequeño para todos los que viajan en avión.

# GLOSARIO

**a chorro** — un avión que utiliza motores de propulsión a chorro; también es común usar la palabra en inglés, "jet"

**aerolínea** — una compañía que tiene aviones para servicio de pasajeros y de carga

**anfibio** — un avión equipado con flotadores y ruedas para usar en tierra y agua

**flotador** — una pieza que flota y se coloca en la parte de abajo del avión

**fuselaje** — el cuerpo de un avión

**hélice** — aletas que giran alrededor de un eje y ayudan a propulsar a ciertos aviones

**militar** — relativo a la guerra

**tren de aterrizaje** — piezas que están en la parte de abajo del avión y le ayudan a aterrizar

# ÍNDICE ALFABÉTICO